Inhalt

Employer Branding in den Zeiten der Krise - Wettbewerbsvorteile gewinnen durch eine effiziente Arbeitgebermarken-Strategie

Kernthesen

Beitrag

Fallbeispiele

Zahlen und Fakten

Weiterführende Literatur

Impressum

GENIOS BranchenWissen Nr. 04/2009 vom 22.04.2009

Employer Branding in den Zeiten der Krise - Wettbewerbsvorteile gewinnen durch eine effiziente Arbeitgebermarken-Strategie

Autor GENIOS BranchenWissen: A.Ritter

Kernthesen

- Vor dem Hintergrund des sich verschärfenden Fachkräftemangels müssen Unternehmen ihre Arbeitgeber-Marke stärken
- Trotz der drohenden Rezession geht daher

der Trend bei vielen Unternehmen zur Ausweitung ihrer Budgets für Employer Branding
- Allerdings fehlt vielen Firmen die geeignete Strategie
- Für Personalmarketing-Experten ergeben sich dadurch neue Chancen und Nischen
- Auch Agenturen selbst wollen an ihrer Personalstrategie festhalten und in die Talentsuche investieren

Beitrag

Unternehmen mit einer starken Arbeitgebermarke können nicht nur die besten Mitarbeiter anziehen, sie trotzen damit auch am ehesten dem sich verschärfenden Fach- und Führungskräftemangel. Allerdings fehlt es in vielen Firmen an der notwendigen Konsequenz und dem Know-How für eine effektive Umsetzung von Employer-Branding-Maßnahmen.

"War for talent"

In vielen Branchen und Unternehmensbereichen zeichnet sich ein Mangel an Fach- und Führungskräften ab. Personal-Fachleute sprechen von einem "War for Talent". Trotz abflauender Konjunktur seien gute Nachwuchskräfte in einigen Branchen Mangelware, so Management-Consultant Jochen Kienbaum: "Die Internationalisierung der Arbeitsmärkte und die demografische Entwicklung werden diesen Trend mittelfristig verstärken." Der Studie "Talent Supply und Employer Branding 2008" zufolge, zu der das Talent & Leadership Consulting der Personalberatung Hewitt Associates 118 Unternehmen im deutschsprachigen Raum befragt hat, mangelt es 82 Prozent der Unternehmen an guten Mitarbeitern. Qualifizierte Mitarbeiter zu gewinnen und zu halten, ist daher ein überlebenswichtiger Wettbewerbsvorteil. Ein Drittel aller Führungskräfte sehen das professionelle Talentmanagement als ihre wichtigste Herausforderung für das kommende Jahr. Nach den Ergebnissen der Studie "HR Strategie und Organisation 2008/2009" der Managementberatung Kienbaum glauben 77 Prozent der Befragten, der zukünftige wirtschaftliche Erfolg hänge von der Einschätzung potenzieller Bewerber ab, für wie attraktiv sie ein Unternehmen als Arbeitgeber halten. Dabei waren sich 80 Prozent aller befragten Teilnehmer der Bedeutung einer attraktiven Arbeitgebermarke im Wettbewerb um Fach- und Führungskräfte bewusst. "80:20" formuliert es Günther Tengel von Jenewein & Partner: Um 20 Prozent der Arbeitskräfte reißen sich alle

Unternehmen, 80 Prozent will kaum jemand. Je größer der wirtschaftliche Abschwung sei, umso wichtiger würden die im Unternehmenskontext jeweils sehr guten Leute. (1), (2), (4), (8), (9)

Wechselbereitschaft der Arbeitnehmer

Der Studie "Bewerbungspraxis 2009" der Universitäten Frankfurt und Bamberg in Zusammenarbeit mit dem Karriere-Portal Monster zufolge spielt fast die Hälfte der zu ihrem Karrieremanagement befragten 10 000 deutschen Arbeitnehmer mit dem Gedanken, innerhalb der nächsten zwölf Monate den Job zu wechseln. Als Grund nannten sie mangelnde Entwicklungschancen beim Arbeitgeber. Insbesondere die Entwicklung individueller Karrierepläne, findet bei den Unternehmen noch zu wenig Berücksichtigung. Mindestens 90 Prozent des Arbeitsmarkts seien nach wie vor auf Familienstrukturen und gesellschaftliche Verhältnisse der ersten Hälfte des 20. Jahrhunderts zugeschnitten, so Cathleen Benko und Anne Weisberg, Beraterinnen bei Deloitte USA. Dabei zeigten sich schon seit längerer Zeit grundlegende Veränderungen in der Gesellschaft und der Arbeitswelt. Neben "harten" Lebenszielen wie Karriere spielten für viele junge Talente nichtleistungsbetonte Werte wie Familie oder Lebensglück eine zunehmend wichtigere Rolle. Karrieren verliefen daher nicht länger linear sondern in Wellenbewegungen. "Nur wenige Rekrutierungskampagnen spiegeln die gewandelten Präferenzen potenzieller Kandidaten wider", resümiert auch Lars Rademacher, Professor an der Macromedia Hochschule für Medien und Kommunikation (MHMK), die 265 Studierende und Absolventen zu ihren Erwartungen an künftige Arbeitgeber befragte. [Abb.1], (6), (7)

Auswirkungen der Krise auf die Personalmarketing-Etats

Trotz schrumpfender Budgets im Bereich Human Resources sollen die Personalverantwortlichen die besten Kandidaten identifizieren und danach zu ihrem Unternehmen locken. Auch wenn überall Arbeitsplätze abgebaut werden, wollen Unternehmen an ihrer bisherigen Personalstrategie festhalten und weiter in Talent Management investieren. Tenor des Podiums "Employer Branding" bei der Personal Austria im vergangenen Oktober in Österreich: Weniger Wirtschaftswachstum ändere nichts an der zentralen Bedeutung der Arbeit für glaubwürdige Arbeitgebermarken. Employer Branding, das eine glaubwürdig gute Arbeitgebermarke nach innen und nach außen kommuniziert, habe nach wie vor einen hohen Stellenwert. Dabei sollen Personalsuche und Talentmanagement möglichst effizient und effektiv funktionieren. (6), (8), (9)

Talent Management wird bisher nur unzureichend verfolgt

Offenbar verfolgt bisher nur die Hälfte der Unternehmen eine effiziente Strategie, um als attraktiver Arbeitgeber wahrgenommen zu werden. Noch weniger berücksichtigen dabei die eigene Position im Wettbewerb um gute Arbeitskräfte. Nicole Dornhöfer, Leiterin Talent & Leadership Consulting bei Hewitt Associates, zufolge werden die vorhandenen Ansätze mangelhaft und inkonsequent umgesetzt. 21 Prozent der von Hewitt befragten Unternehmen haben die Verantwortlichkeit für Employer Branding nicht in der Unternehmensorganisation verankert. In 43 Prozent der befragten Unternehmen wird ein Budget speziell für das Employer Branding zur Verfügung gestellt. Die Summen lägen dabei selten höher als 100 000 Euro. Allerdings ist die Tendenz steigend. Auch einer Studie der Agentur Index zufolge, in deren Rahmen knapp 200 Verantwortliche aus Geschäftsführung,

Personalabteilung und Kommunikation befragt wurden, stellen nur wenige Unternehmen Budgets für Aufbau und Pflege ihrer Arbeitgebermarke bereit. Die Etats bei diesen Investitionswilligen beliefen sich häufig auf weniger als 10 000 Euro. "Wenn man bedenkt, wie viel Geld Unternehmen für Stellenanzeigen oder Personalberater ausgeben, wird deutlich, dass die Möglichkeiten von Employer Branding noch nicht genutzt werden", so Index-Chefin Franziska Berge. Zudem geben mehr als drei Viertel der Befragten an, dass die Effizienz nicht gemessen wird. Ein Fehler, so Dornhöfer: "Um Rekrutierungsmaßnahmen optimieren zu können, muss der Effizienzprüfung eine deutlich größere Bedeutung beigemessen werden." Mögliche Kennzahlen zur Kontrolle sind die Anzahl der Bewerbungen (das nutzen 79 Prozent) und die Fähigkeit, Talente zu gewinnen (64 Prozent). Immerhin würden fast zwei Drittel der Befragten bei Employer-Branding-Projekten die Hilfe von Dienstleistern in Anspruch nehmen, so Berge. (1), (3)

Employer Branding: Sich als Arbeitgebermarke etablieren

Ziel des Employer Brandings ist es, das Unternehmen insgesamt als einen attraktiven Arbeitgeber darzustellen und sich von anderen Wettbewerbern im Arbeitsmarkt positiv abzuheben. Die fünf Wirkungsdimensionen von Employer Branding sind: Personalbeschaffung, Personalerhaltung, Mitarbeiterzufriedenheit, Leistungssteigerung und Stärken der Unternehmensmarke. Hauptaufgabe bei einer Employer-Branding-Strategie ist zunächst einmal, dass Unternehmen ihre eigene Identität ergründen: Was macht die Firma einzigartig gegenüber ihren Konkurrenten? Wie ist das Arbeitsklima? Welche Karrierechancen gibt es? Wie ist der Führungsstil? Sind die wesentlichen Kriterien ermittelt, arbeiten Kreativagenturen an der Vermittlung der Botschaft hauptsächlich in Form von Slogans und Anzeigen. "Gerade in harten Zeiten wie diesen zahlt sich eine starke Employer Brand aus: Das Recruitment ist einfacher und die Fluktuation sinkt bei entsprechenden Maßnahmen deutlich. Dadurch können Agenturen viel Geld sparen", so Mareike Boddin, Gründerin einer Beratungsfirma für Agenturen zum Thema Employer Branding. Sie hat ein Konzept entwickelt, das verstärkt den Aspekt "Wertschätzung der Mitarbeiter in den Vordergrund hebt - ein Feld, das ihrer Erfahrung nach in vielen Agenturen bislang noch viel zu kurz kommt. Dies bestätigte auch Susanne Kamm, Geschäftsführerin bei Kamm und Kocks. Agenturen hätten offenbar Probleme mit der richtigen Gestaltung ihrer Stellenanzeigen beziehungsweise ihrer Employer

Brand und verließen sich zu stark auf Mund-zu-Mund-Propaganda sowie den Einfluss von beispielsweise Branchenrankings. Je weniger bekannt eine Agenturen sei, desto mehr müsse sie für ihre Arbeitgebermarke tun. Designerdock-Geschäftsführer Robert Mende zufolge haben Agenturen ein Imageproblem. Der Nachwuchs bewerbe sich eher bei Unternehmen, da hier die Arbeitsbedingungen als angenehmer gelten. Boddin zufolge arbeiteten daher auch viele Top-Kreative lieber als Freelancer. [Abb.2], (3), (4), (5), (6)

Realistische Versprechungen

Marken bieten bekanntermaßen Orientierung, weil sie stets auch ein Versprechen abgeben. Die gefundenen Arbeitskräfte sollen nicht enttäuscht feststellen, wie wenig das zuvor kolportierte Image mit ihrem Arbeitsalltag zu tun hat. "Entscheidend bei der Konzeption einer Arbeitgebermarke ist, dass sie konsequent das verspricht, was sie auch halten kann. Sie sollte attraktiv und dennoch glaubwürdig sein", sagt Nicole Dornhöfer, Leiterin Talent & Leadership Consulting bei Hewitt Associates. (1)

Wachstumschancen für Agenturen, die sich auf Personalmarketing spezialisieren

Die anhaltende Wirtschafts- und Finanzkrise eröffnet für Employer-Branding-Dienstleister und Personalmarketing-Agenturen neue Chancen. Mit Hilfe ihrer Expertise können Unternehmen erfolgreich Talent-Management-Programme durchführen, Change-Management-Prozesse steuern und eine Strategie implementieren, mit der wertvolle Fach- und Führungskräfte gefunden, gehalten und entwickelt werden. (8)

Fallbeispiele

Der erste Reflex vieler Unternehmen gegenüber der aktuellen Wirtschafts- und Finanzkrise, ist der Gedanke an Kostensenkungen, wo sie kurzfristig möglich sind. Dabei stehen insbesondere Neueinstellungen und alle Marketingbereiche auf dem Prüfstand. Wer jedoch aus der vorangegangenen Krise 2001/2002 gelernt habe, der versuche gerade jetzt gute Leute für die Zukunft zu gewinnen und seine besten Köpfe im Unternehmen zu halten, so Erik Bethkenhagen, Geschäftsführer Kienbaum Communications. In Krisenzeiten seien spezielle Programme notwendig, um wertvolle Fach- und Führungskräfte im Unternehmen zu halten. Die Bedeutung von Employer-Branding-Maßnahmen steige erheblich. (8)

Beim Podium "Employer Branding" bei der Personal Austria im vergangenen Oktober in Österreich unterstrich Vera Futter-Mehringer, Konzernpersonalchefin der Novomatic AG: "Gute Führungskräfte, das ist unsere beste Visitenkarte." Auch Johanna Hummelbrunner, Personalverantwortliche der Bosch-Gruppe in Österreich betonte: "Ohne Employer Branding geht es heute nicht." Ihr Unternehmen lege Wert darauf, dass jeder Bewerber weiß, wofür die Bosch-Gruppe steht. "Wir haben eine Situation, in der einerseits ein Unternehmen zig Leute abbaut, auf der anderen Seite hoch spezialisierte Arbeitskräfte einstellt. Das ist wirklich schwierig so etwas nach außen zu kommunizieren", erklärte Gundi Wentner, Partnerin der Deloitte Human Capital. Dementsprechend finde für das Employer Branding gerade der Elchtest statt. Sie betonte zudem: "Wenn Sie Ihr Unternehmen bewerben, dann muss der Inhalt völlig übereinstimmen. Verkauft man etwas Falsches, wird man ganz schnell aufgeblättert." (9)

Daher ergeben sich die vielfältigsten Aufgaben für die Marketing- und Kommunikationsprofis. "Das Vorleben und das kontinuierliche Vermitteln einer Vision ist in der Krise noch wichtiger als in Boom-Zeiten", statuiert Personalmarketing-Experte Erik Bethkenhagen, Chef von Kienbaum Communications. Nur wer in der Lage ist, offen zu kommunizieren, erreiche seine Mitarbeiter. "Führungskräfte sind oft nicht ausreichend vorbereitet", sagt denn auch Headhunter Jens Dhein. Die eigentliche Kernaufgabe in vielen Unternehmen sei das Change Management, erklärte Patric Cloos, Geschäftsführer der auf Personalmarketing spezialisierten Agentur TMP. "Dafür müssen die Manager aber erst fit gemacht werden." Dementsprechend kann sich Nils Abraham, geschäftsführender Gesellschafter der auf Personal- und Arbeitgebermarketing spezialisierten Agentur AWS:pwu, über "eines der erfolgreichsten Jahre in der Agenturgeschichte" freuen. "Wir arbeiten gerade an einem Employer-Branding-Konzept für einen großen europäischen Energiekonzern." Bislang spüre er nur unter Autozulieferern "eine gewisse Zurückhaltung". Er und seine 40 Mitarbeiter gehen "verhalten optimistisch" ins Jahr 2009. Auch die Medienfabrik Gütersloh, ein Kommunikationsdienstleister aus dem Hause Bertelsmann, profitiert von der wachsenden Bedeutung von Employer Branding. Anfang

Dezember 2008 gründete sie trotz der drohenden Wirtschaftsflaute ein siebenköpfiges Kompetenz-Team namens "Embrace", das Human-Resources-Expertise um Marketing-Know-how ergänzen soll. "Der Bedarf an Employer-Branding-Wissen ist sehr groß. Wir sehen das an der Zahl der Termine bei potenziellen Auftraggebern", so Guido Klinker, Leiter Corporate Publishing und Mitglied der Geschäftsleitung der Medienfabrik. "Vor allem für Mittelständler wird Employer Branding ein sehr wichtiges Thema sein." (8)

So hat die 370 Mitarbeiter starke Orthomol, Hersteller von orthomolekularer Ernährungsmedizin, laut Aussage von Personalleiterin Gesche Hugger 2008 allein in die Beratung bei der Entwicklung ihrer "Employer Brand" 60 000 Euro investiert. Hinzu kommen etwa 100 000 Euro für die kreative Umsetzung. Viega, mit international über 2 800 Mitarbeitern einer der führenden Anbieter von Produkten für die Installationstechnik, will sich derzeit mit einem modularen Personalmarketing-Konzept bei Schülern, technisch orientierten Absolventen, erfahrenen Fachkräften und besonders Ingenieuren immer wieder in Erinnerung rufen. "Bislang hat die Wirtschaftskrise wenig Einfluss auf unser Employer Branding", betont Personalleiter Peter Schöler. Speziell für die Zielgruppe der Auszubildenden erarbeitet er derzeit gemeinsam mit der Agentur TMP ein neues Personalmarketing-Konzept. (3)

Zahlen & Fakten

Wann ist der nächste Jobwechsel geplant?

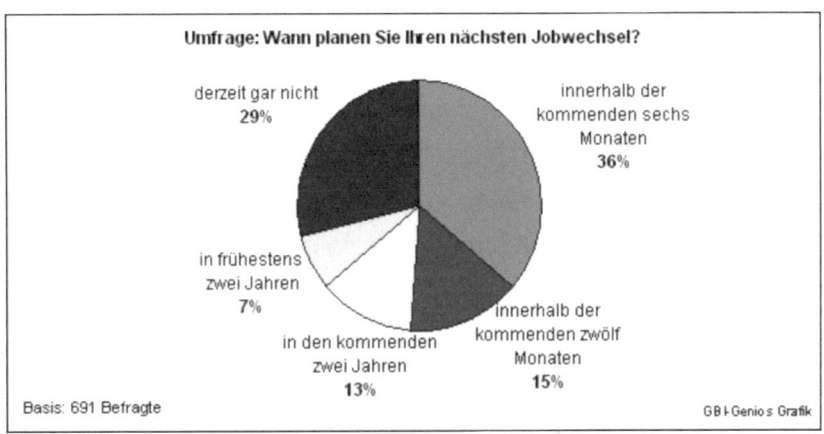

Quelle: Umfrage der Agentur Designerlock

Entnommen aus: Horizont, Nr. 6/2009

Wie zufrieden sind Werber mit ihrem derzeitigen Arbeitsplatz?

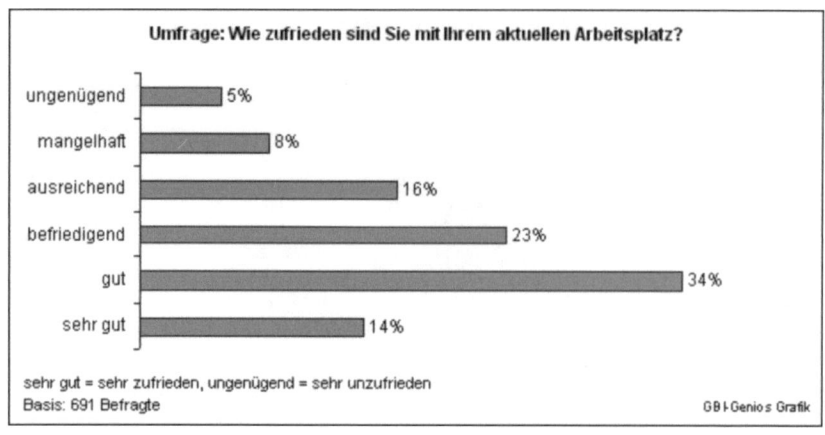

Quelle: Umfrage der Agentur Designerlock

Entnommen aus: Horizont, Nr. 6/2009

Weiterführende Literatur

(1) Glanz und Gloria GmbH & Co. Kg In Zeiten des Fachkräftemangels zieht ein gutes Image die Bewerber an. Diese Erkenntnis ist in vielen Unternehmen noch nicht angekommen aus Financial Times Deutschland Enable vom 01.12.2008, Seite 33

(2) Kompakt Fachkräfte: Das Firmenimage ist wichtig ++ Selbstständige: "Wohn-Riester" über Ehepartner aus DIE WELT, 15.11.2008, Nr. 726, S. 23

(3) Employer Branding soll Talente locken Doch das kostspielige Konzept ist mehr als fragwürdig
aus Financial Times Deutschland vom 29.10.2008, Seite 2SA02

(4) O.V., P wie ... Personalwesen / Was ist ein Ebitda, was Return on Investment und wie kriegt man eine ordentliche Bilanz hin?, Rheinische Post, 16.10.2008
aus Rheinische Post Nr. vom 16.10.2008

(5) Seminarreihe für die Herausforderung 2009
aus "Horizont" Nr. 01-03/09 vom 16.01.2009 Seite: 3

(6) Am Kandidaten vorbei
aus HORIZONT 06 vom 05.02.2009 Seite 031

(7) Karrierewege mit Seitensprüngen Ungeachtet der Krise gilt es, Talente möglichst langfristig an das Unternehmen zu binden. Doch die Lebensmodelle der Mitarbeiter werden immer individueller. Personalentwickler müssen flexiblere Karrieremodelle anbieten - beispielsweise Mass Career Customization.
aus werben & verkaufen Nr. 09 vom 26.02.2009, S. 66

(8) Employer Branding in Krisenzeiten Trotz Kürzungen ergeben sich für Personalmarketing Experten neue Chancen und Nischen : von Talent-Management-Programmen über das Flankieren des Change Managements bis hin zur Suche nach Fachkräften.
aus werben & verkaufen Nr. 50 vom 11.12.2008, S. 104

(9) Abschwung bringt Elchtest für Employer Branding
aus "Der Standard" vom 04.10.2008 Seite: K42

Impressum

Employer Branding in den Zeiten der Krise - Wettbewerbsvorteile gewinnen durch eine effiziente Arbeitgebermarken-Strategie

Bibliografische Information der deutschen Nationalbibliothek

Die Deutsche Nationalbibliothek verzeichnet diese Publikation in der deutschen Nationalbibliografie; detaillierte bibliografische Daten sind im Internet über http://dnb.d-nb.de abrufbar.

ISBN: 978-3-7379-2543-3

© 2015 GBI-Genios Deutsche Wirtschaftsdatenbank GmbH, Freischützstraße 96, 81927 München, www.genios.de

Alle Rechte vorbehalten. Dieses Werk ist einschließlich aller seiner Teile – z.B. Texte, Tabellen und Grafiken - urheberrechtlich geschützt. Jede Verwertung außerhalb der Grenzen des Urheberrechtsgesetzes bedarf der vorherigen Zustimmung des Verlags. Dies gilt insbesondere auch für auszugsweise Nachdrucke, fotomechanische Vervielfältigungen (Fotokopie/Mikroskopie), Übersetzungen, Auswertungen durch Datenbanken oder ähnliche Einrichtungen und die Einspeicherung und Verarbeitung in elektronischen Systemen.